안부

이지연   이예란   재온   이브   흰돌   윤
원소윤   권서안   사백   박시현   이정미
오성민   이하은   민윤지   최시작   김진경
최혜지   곽민주   서예빈   김도강   소정
이보배   박재건   성아라   이민주   이현진
은산은   박이든   심재헌   명지구   하준
유채경   이지구   노을   이현수   별아
천해명   안해성   모순   윤요성   상인   초
다솜   주연우   김담우   구승모   엄연
이설   이양   려원   정성주   김사실   –

당신의 뒷모습을 상상하는 일
당신의 숙면을 빌어주는 일
당신의 안녕과 하루를 떠올리는 일

당신을 가늠하는 일

2024년 12월

I

나의 조각에게 이지연	13
타임캡슐 626 이예란	14
Fly Me To The Moon 재온	16
하늘 위는 맑고 네게 편지를 부칠 수 없다 이브	18
기회가 되면 흰돌	20
message in the bottle 윤	22
오늘 훈련 원소윤	24
200mg의 안부 권서안	26
멈춘심장에안부라는이름의다정을불어넣으면 사백	29
가정법 박시현	30
안녕 이정미	32
껍데기를 묻다 보면 오성민	34
편지에 바다를 동봉해 드렸으니 이하은	36
홍학의 인사법 민윤지	38
첫눈 최시작	39
프렉탈 김진경	40
이름으로부터 시작되는 최혜지	42

시소 타기 곽민주	44
제주에서 서예빈	46
울음 큰 새라에게 김도강	48
잘 쓰여있나요 나는 묻고 있는데 소정	50
유자, 생일 이보배	52
사라지지 않는 박재건	55
사랑 없이 성아라	56
마른 우중의 안부 이민주	58
시시한 편지의 서두 이현진	60
안부 은산은	62
7월 7일 박이든	64
여름비를 위한 연습 심재헌	65
망원경과 임시 보관함 명지구	66
리그렛 메시지 하준	68
겨울을 나는 유채경	70
도달불능극 이지구	72
Lithium 노을	74

나의 롤리타 결국 이현수	76
관을 열고 일어나 아침에게 인사 별아	78
M과 마지막 연필 천해명	80
안부선언 안해성	82

II

To. 모순	85
나의 시므온 윤요성	86
달그림자 상인	88
수신인 분명 초	90
장미가 다 지고 다솜	92
입동 준비 주연우	94
2015년 김담우	96
잎에게 구승모	98
품 엄연	100
싸구려 보청기 이 설	102

한 줄 편지 이양	104
Dear, 려원	106
여름 안부 정성주	108
문자 김사실	109
	110

○ 작가명은 작품 첫 장의 쪽 번호 옆에 표기하였습니다.

I

나의 조각에게

달리는 초침에 발맞춰 움직이다
문득 너의 얼굴이 생각날 때
달리는 지하철 창밖에 푸른빛을 보며
너에게 바다 한 조각을 선물해야지, 싶었어
아침이 오면 햇살 조각을 선물하고
밤이 오면 별 조각을 흩뿌려야지
너의 시간이 너무 느리지 않게
또 너무 빠르거나 바쁘지 않게

타임캡슐 626

넌 내 망가진 볼펜을 보면 웃음을 터트렸지
처음 알았어
망가져도 좋은 게 있다는 걸

해피벌쓰데이라 쓰여있는 양초
내가 Y 하나를 부서트린 그것이 필요하다 말했어
기꺼이 줄 수 있는 것을 원한다니
그만큼 쉽게 얻는 행운이 있을까

우리는 까다롭지 않게 웃을 수 있고
둘 사이에 웃음이 잠시 멈추면
나는 세로 열한 줄 가로 열세 줄의
모눈종이를 그려
자연스럽게 네게 흑돌을 넘기고
오목을 시작해
넌 골똘한 입술을 하고 동그라미 안을 검게 칠하지
몇 번의 승리와 몇 번의 패배가 공책에 새겨져

망가진 볼펜으로
편지 가장 아래 칸에 오늘 날짜를 적어
종이의 주름을 세며 반듯이 반으로 접고

이 하루를 미래의 너에게 보내려고

첨부할 것은 여러 개의 흑돌과 백돌
점심으로 먹은 중국 음식 사진

끈적해진 세계가
새카만 어둠으로
네 투명함을 깨려 할 때면
언제나 쉽게 꺼낼 수 있도록
인덱스를 붙이면 완성
볼품없는 악필로 쓴 널 위한 부적

무화과가 열매 맺는 계절이 다시 찾아오면
가장 홀가분하게 떨어지는 잎을 골라
편지 사이에 끼워 내게 보내줘

기왕이면
언제나 함께 할 수 있다는 거짓말과 함께

Fly Me To The Moon

너는 어떤 밤을 기억할 수 있는 자세가 있다고 말한다

그래 맞아
K, 너는 항상 깍지를 낀 채로 자는 습관이 있었지
맞닿은 손가락의 갯수만큼
우리가 달에서 마주칠 수 있을 것이라고

나는 웃으며 서로의 평안에 대해 생각한다
각자 다른 침대에서도
같은 꿈을 꾸게 될 것이라는 믿음으로부터

어떤 달에서 만났는지 묻지 않아도 되는
우리의 지속적인 자세에 대해

걱정하지 않아도 여전히 괜찮겠지만

흐트러지지 않는 너의 두 손 속에서
확신의 세계가 만들어질 때

손 틈 사이로 빠져 나오게 되는 빛이 있고
그것이, 방 안을 가득 채우게 된다면

우리의 침대가 정말 가까워지고 있는게 맞는 걸까

K, 사실 나는 많이 무서워
간혹 네가 울고 있는 꿈이라도 꾸고나면

그게 꼭 존재하는 슬픔 같았으니까

어쩌면 기도의 한 종류였을지도 모르겠어
더 이상 묻고 싶지 않은
서로의 충분한 불안을 위해서

아무런 미동 없는 너의 자세를 바라보며
아주 고요하게 흐트러지는 나

함께 달에 가지 못해서 미안해

아침이 오기 전까지
네 옆자리에
물 한 컵을 떠다 놔야겠다는 다짐을 했다

하늘 위는 맑고 네게 편지를 부칠 수 없다

잘 지내니
이건 겨울의 말

너는 그 말을 깨끗한 한숨처럼 뱉곤 했지

왜 겨울이 되면 오래 기른 머리카락을 잘라버리는지
따뜻한 라떼 위에 하트를 그리는 연습은 잘 되어 가는지
지난밤의 눈물은 내게도 감추고 싶었던 비밀인지
어울리던 파란 목도리는 아직 간직하고 있는지
그 목도리를 두르려고
오래 기른 머리카락을 잘라버린 건지

사랑이 많아서 힘든 것도 여전하니

묻고 싶은 것들이
모락모락 피어나는
깨끗하고
조용한
한숨

나는 잘 지내
첫머리에 그렇게만 써 두고
너의 생이 다 가도록 보낼 말을 다듬는다

기회가 되면

시간이 흘러도 사랑은 남는대 그래 지금 나의 마른 오후에도 사랑만 남아서 오늘의 날씨를 바로 볼 수 없는 눈을 짓고 있어

너를 기다렸어 바다의 가장 깊은 곳까지 빛이 들어온다는 알 수 없는 혼잣말들을 하면서
따뜻하게 내리쬐이는 그늘이 늘 곤히 잠든 네 얼굴 위로 시린 빛을 가려주고 있다고

나는 생각보다 더 네 빛을 사랑해서 아무도 없는 심해에 갇혀 헤엄치고 있다

물속에서 신발 바닥에 엉겨 붙은 꽃잎들이 봄의 눈이 되어 녹아내리고 그 위로 초록색 빛을 내는 그림자가, 내 몸 위로 따스하게 다가오는 것들이 꼭 네 시선을 닮은 것 같아 깊은 곳으로 가라앉으면서도 가만히 웃을 수밖에 없었다고

사실 사랑의 온도는 너의 눈빛을 닮았다는 걸 알아
바라는 게 없는 사랑을 한다고 말하면서 기회가 되면 나는 네 입에서 내 이름이 나오는 순간을 꿈꿔

네가 아는 것보다 늘, 나의 생각보다 내가 너를 너무 많이 사랑해서
나는 생각보다 더 네 빛을 안달해

하루에도 몇 번씩 썼다가 지우는 당신의 안부를 꼬박 물어야 하는 나의 매일을 사랑해
마지못해 수긍하지만은 항상 네가 부족해서 갈증에 목이 마른 눈을 하고 여전히 마르지 않는 네 생각을 해

늘 네가 부족해 목이 마른 눈을 하고 여전히 마르지 않는 네 생각을 해

message in the bottle

목성을 북극성 삼아
모래사장을 걷는 오늘
파도는 바다의 날개
성큼 다가와 발 멎게 하는
자유로움에 조금 젖었다

가을의 새벽은
손을 얼게 하고
그래서 한 줌 술을 들이켜도
목만 데워지고
손은 여전히 더디다

사랑해 대신
보낸 보고 싶어
답신을 기다리는 대신
주저앉아 걸어오는 물결을 바라본다

누워야 보이는 은하수
물과 뭍 사이에 앉은
차갑게 식은 나

사랑하는 문장을 읊어도
사랑하는 노래를 불러도
채워지지 않는 무언가

단단함이 필요해
슬퍼지지 않기 위해서는
당신이 필요해
슬퍼지지 않기 위해서는

오늘 훈련

빗소리에 얼굴을 묻는다
아침 기분을 지울 수 있을까

베갯잇에서 얼룩무늬가 자라
파자마로 옮겨 들고

나는 먼 곳으로 떠난다
이를테면 오늘로

나의 나로 접어들다
너로 이어지고

우리가 고이는 자리로 흐를 수 있을까
깊고 짙고 어려운 무늬들

자랄수록 좋은 것은 많지 않은데

빛이 마른다

간지러운 나무 식탁의 결을 헤아린다

테가 늘었나
투명 우산을 들자
오늘이 시작된다

200mg의 안부

새벽이
달그락 약사발 소리를 내면
붉은 손끝이
공허하게 캡슐을 연다

'아프지 마라' 하는 마음 100mg
'나빠지지 마라' 하는 마음 100mg
'죽지 마라' 간절한 마음을 귀이개로 꾹꾹 눌러 채우면

완성되는 캡슐 하나

그런 내 안부가 마음에 들지 않는 것인지 오늘도 붉은 생채기를 남기는 너
아직 이 정도까지 힘이 있나, 나는 이 상흔도 기꺼워

이제 울음으로만 네 안부를 물을 수 있어
그게, 설움밖에 남지 않을 시간일 것 같아 무서워

훗날 사랑한다는 말로 너의 안부를 물을 수 있을까
설움이 아닌 정갈하고 아름다운 감정으로 너를 부를 수 있을까

성난 파도 같은 마음이 고요한 호수가 될 때까지
나는 살아서,
세상을 미워하지 않을 수 있을까

산패된 질문이 폐를 갉아먹으면 이상하게 네가 묻는 안부가 들려

페옹
배고파? 까까 먹을까?
야옹
공주님 배 마사지해 줄게
깜빡깜빡
나도 너무 사랑해!

이제는 산패되어 원래 색을 알 수 없게 된 약을 냉동실에서 버릴 수 있는 날이 올까

아직 네게 묻고 싶은 안부가 우리 집 냉동실에 쌓여있다

냉동실에는 하루씩 끊어 먹이던 우리의 안부가 저렇게 쌓여있는데

다정을 읊던 그 소리가 없다

너를 염려하던 내 목소리와 나를 묻던 네 울음만이 사라진 채
네가 사랑한 세상의 시간이 너무 무심히 흘러

멈춘심장에안부라는이름의다정을불어넣으면

 오래전 언젠가 숨을 거둔 물고기에게 인공호흡을 시도했었다 멈춰 있던 심장이 비로소 뛰는 순간 아가미가 뻐끔대기 시작하고 나의 애꿎은 결핍과 부식된 사랑은 올가미가 되어 지느러미를 죄어 오지 기어코 불안에 침몰한 사체에 몇 번이고 입을 맞추면 꿈에서는 다시 마주할 수 있을까

 시간이 지나도 다정을 건넬 이가 있다는 건 꽤 애틋한 감정을 불러오는 걸 알고 있니 마지막 남은 애정이라는 명목으로 네 죽음에 내 사랑이 관여해도 괜찮을까

 매 순간 병든 사랑을 탐닉한 나는 습관처럼 무모한 다정을 건네고 몇 번의 계절이 지나는 동안 나는 꼬박 너의 안부를 물어

 너의 부서진 아가미와 자학하던 심장은 이제 안녕하니

 우리 함께 어항에서 익사하기로 약속했잖아

가정법

너를 돌처럼 생각해도 되겠지?

송곳니 없는 돌은
모난 표정을 가지지 않는다
너에 대한 안부도 그런 얼굴을 가졌었지

내가 가진 세계에서 울음 없는 소리는 없었는데
절벽에서 돌이 굴러떨어지는 소리가
무거운 공기를 깨뜨린다
자꾸만 어제를 돌아보게 만드는 메아리처럼

나는 돌을 주머니에 주워 담는다
담고 담아도 돌은 계속 발밑에서 넘쳐흐르고
전부 품을 수 없어서 내게 굴러오는 것처럼
듣고 싶지 않은 네 소식처럼

주머니에 든 건
돌이 아니라
기도일지 몰라

만약에, 만약에

우리의 이별이 끈적한 꿈이었고
너를 돌처럼 생각한다는 가정법에 효력이 남았다면
안부는 단단한 고백으로 남았겠지

서로의 눈을 들여다볼 수 없지만
닿을 수 있다는 것만으로
서로의 울타리를 넘나들 수 있을 것 같았는데

함께 가라앉자
네 무게를 함께 견디고 싶어

그런 말들이 네게 모양을 입혀 주는 거라면
손으로 터져가는 주머니를 막고
물속으로 뛰어내릴 수 있을 것 같아서

나는 등받이가 없는 돌의자에 앉는다
기댈 수 없다는 게
등을 쓰다듬어 줄 손이 없는 말처럼 들려
주머니에 든 돌 여러 개를 만지작거린다
만약에, 만약에 중얼거리면서

안녕

한기 들고 이지러진 달이 뜨는 계절이 돌아오면
마음에 물기가 생긴다

차오르지 못한 소망들과
피어나지 못한 바람들이
공기를 타며 춤을 추고

솟아난 불안들과
미끄러진 절망들이
뚜벅뚜벅 걸어들어와 가슴을 치는
가을 한복판

예고도 없이 사납고 날카로운 인사말이 들려오면
나는 또 꼼짝 못 하고
과오와 실수를 살뜰히도 매만진다
질투와 시기를 배불리 먹고 마신다

언젠가 이러한 날들에
뻔뻔한 낯짝을 들이밀며
무탈함과 무사함을 뽐내는 상상을 한다

인생이 밀고 들어오는 안부에
시원스럽게 웃어주는 꿈을 꾼다

껍데기를 묻다 보면

술과 약
까만 봉지와 테이프
살며 꼭 필요한 것을
세상에서 버려야 할 때가 있지

오늘은 어때

덜고 또 덜어낸 무게에도
네가 다시 무너져 버릴까
조각낸 껍데기들이 가려워

얼마 전 죽음을 기도한
넌 어김없이
오늘도 괜찮다며

안구를 쥐어짜 얻어낸 건조증을 사랑해

한바탕 추락하던 우리가
눈알마저 떨어뜨려 더는 흘릴 것이 없던 그날

목을 내리고
땅바닥에 들러붙고
서로의 등껍질을 벗기고
느릿 느리게

언제나 떠오르는 건, 이따금 쏟아내던 것

오늘은 어때

턱 밑까지 차오른 발버둥이 오늘을 묻는다면
오늘로 덮인 무덤에서 우리 허우적대자
의미 따위 털어내고는 입을 맞추자

편지에 바다를 동봉해 드렸으니

그 한마디 적기가 그렇게 어려워서 나는
그 한마디 쓰려고 몇 번을
당신에게 향하는 어떤 말도 고운 모습으로 담겠다고

안녕 잘 지내시는지
요즘 어떻게 지내세요?
뭐 하고 살고 계세요?

수십 가지의 인사말을 적다가도 지워버려서
결국엔 지우개의 침공으로 화상을 입고 마는
그렇게 끝맺지 못한 편지지 수십 장은
나의 방 책상 서랍 어느 한 편에서 장례식을 치루네

당신에게 닿기 위해 고심해서 고른 문장들
나에게 안부는 죽어도 가볍게 물을 수 없는 것

내 마음속 바다를 당신에게 보내야지
  작은 종이 속에 꾹꾹 눌러 담은 바다는 곧 파도가 되어
당신을 덮칠 것이니
  그러면 당신은 휩쓸려주기만 하면 되어요

바다는 잘 있어요 당신은요?
라디오가 전하길 안부를 물어보라더군요
그리고 오늘의 행운의 색은 짙고 푸른 청색이라고요
편지에 바다를 동봉해 드렸으니
저에게도 당신의 짙은 푸름을 보내 주시길 바랍니다

투박하게 써낸 마음의 종착지
형태 없는 고백의 끝마침 그리고
미처 보내지 못한 안부가 유실되는 곳

바다에 둥둥 떠다니는 유실된 안부들을 건지면
틀림없이 아름다울 거라고 믿으며

마음아 편도 티켓 말고 왕복 티켓을 끊었으니
헷갈리지 말고 반드시 돌아오렴
심장은 콩팥이 아니니까 한 개뿐이니까

홍학의 인사법

 어느 날, 동료들이 한 명씩 홍학으로 변하기 시작했다. 괜찮은 거 맞냐고 묻고 싶었지만 굳이 내색하지 않았다. 시와 소설을 좋아하고 매일 아침 아메리카노를 마시는 홍학이 늘어 갔다. 우리는 매일 만나는 사이가 되었다. 홍학과 인사하는 법을 배우기 시작했다. 홍학의 언어는 생각보다 어렵지 않았고, 나는 차츰 홍학의 언어로만 소통하게 되었다. 인간끼리 있을 때도 마찬가지였다. 홍학과 인사할 때는 깃이 빠지지 않게 조심하기만 하면 되었다. 분홍색 깃털은 그들의 철학과도 같았다. 색의 짙고 옅음이 그들 마음의 농도를 나타냈다. 여기선 더 이상 분홍색 음식을 구할 수 없어. 그러니까 우리는 어느 순간부터 빛깔을 잃게 될 거야. 홍학들은 땅과 바다에서 나는 모든 것들의 안녕을 바랐다. 시와 소설을 쓰는 인간들도 그런 걸 바라겠지. 이젠 정말 잘 지내는지 알고 싶어하겠지. 우리는 땅과 바다에서 나는 것들을 잊지 않을 거야. 선연한 분홍의 깃털을 기억할 거야. 홍학은 여기에 왔기 때문에 살아남을 수 있었던 거니까. 잠시 잊힌 기억들은 가벼운 잠을 통해 되돌아올 수 있다. 나는 잘라냈던 비행 깃털을 다시 기르기 시작했다. 가장 가까웠던 미래의 우리들에게 편지를 보내기 위해,

첫눈

 첫눈에 대한 그럴듯한 감상은 이미 글 좀 썼던 사람들이 다 가져가서 없다 이제와서 늘어놓기에는 진부한 이야기들 뿐이다

 그럼에도 불구하고 첫눈 이야기를 하는 것은 그래도 첫눈만큼 좋은 핑계가 없기 때문이다

 살아온 세월 수만큼 본 첫눈인데도 쌓이치도 못하는 곧 녹아버리는 얼음조각에 무심코 낭만적이게 되어버려서 다들 휴대폰을 들고 거리를 찍기 시작한다 마치 마법이라도 걸린 듯이

 그래서 이렇게 온사람이 지켜운 첫눈에 잠겨있는 틈을 타 당신에게 묻는 것이다 혹시 하늘을 봤냐고 첫눈이 왔다고 그러고보니 요즘은 어떻게 지내냐고

프렉탈*

자려고 눈을 감으면 저 멀리 보이는 곳,
검게 닫힌 꿈의 서랍과 그사이 가늘게 새어 나오는
오래전 끝맺음과
그 앞에 먼지로 하얗게 지워지고 있는 문장들이 있다
더듬더듬 엉켜 있던 문장을 거꾸로 되감다 보면

시간의 잔해 속에서
가끔 네가 보였고

시릴 만큼 투명한 몸에 담요를 덮어주었다, 잠깐 기다리면 곧 따뜻해질 거야
너는 마치 추운 겨울밤 성냥에 불을 붙이는 것 같다고 말하며 희미한 미소를 지었다
눈송이가 초침처럼 내리는 곳이었고
우리는 서로 안부를 묻지 않는다

그러나 길 위에 남겨진 발자국에 발을 가져다 대면
왜인지 같은 사람이었던 것처럼 꼭 맞았어

그 사이에도 단어들은 기억에서 달아났고
골격만 남은 문장들은 서서히 무너지고 있었으나
놀라울 일은 없다, 폐허처럼 네게 기대어
이윽고 마지막 성냥에 불을 붙인다

나는 최소한의 세계, 기억나지 않을 꿈을 꾼다
그것이 피부 아래 혈관처럼 나를 구성하고 있다고 생각할 때가 있다

---

* 프랙탈(fractal): 특정 도형의 작은 부분을 살펴보면 그 도형의 전체가 동일하게 반복되고 있는 기하학적 패턴을 말한다. 이러한 자기 유사성을 가지는 패턴은 자연의 기본적인 구조 중 하나이며, '부서진'이라는 의미의 라틴어 'fractus'에서 유래하였다.

이름으로부터 시작되는

간격이 잘 맞춰진 줄 위에 올라서면 너의 이름을 부르기가 망설여져 수없이 바라본 눈동자이지만 입 밖으로 진심을 내뱉으려 하면 고개가 자꾸 아래로 기울어진다지

우리가 처음 만났던 날을 기억하니? 낮이 서서히 길어지던 때 말이야 가슴팍 명찰에 적혀있던 이름 석 자 서투른 인사를 나누다가도 너와 내가 손을 뻗지 않아도 닿을 수 있는 사이가 되었을 땐 내가 너의 이름을 부르는 횟수가 줄어들었다는 걸 알고 있는지 모르겠어 툭툭 짧고 가볍게 내뱉을 수 있는 호칭을 가지고 지내던 시기가 있었잖아

다시 0으로 돌아가 시작될 순간이 두려워서였을까 너의 이름을 발음하려 입술을 오므렸다 펴내는 건 쉽지 않았어 이건 다시 연습하고 반복할 수 있지만 너와 함께 보낸 순간을 되돌아보는 건 도리어 그리움을 낳는 법이거든 그럴 때마다 나는 나중에 펴보면 서로가 다르게 기억하고 있을지도 모르는 이 순간을 전하려 해

우리가 마지막으로 마주 보며 주고받았던 편지를 난 매일 펴내는 습관을 가지게 됐어 첫 문장에 담긴 글자에서 네 목소리를 들었거든 내가 어떤 사람인지 알려주느라 너는 닳아버린 손가락을 가지게 되었다고 그럴 때마다 나는 내 존재를 실감하는 기분

 그래서 여러 사람이 핥아준 덕에 만들어진 다정을 꺼내 너에게 보내려 해 빨갛게 익은 손으로 눈덩이를 굴리던 것처럼 뒤죽박죽 닿을지 모르겠지만

시소 타기

 시작은 혼잣말이었다. 모르는 사람들이 나를 엿듣는 것 같아 휴대전화를 귀에 대기 시작했다. 밤의 강가에서 일렁이는 물결은 사소한 파도 같다. 바스락 소리에 뒤를 돌아보면 아직 낙엽은 아니야. 바짓단이 얄궂게 스쳐 지나가는 시간. 너머의 풍경을 바라보며 하고 싶었던 이야기를 던져 버린다. 퐁, 퐁, 퐁. 목소리가 풀어진다. 언제부턴가 대답을 듣는 일이 무거워졌다. 들어준 만큼 들어주어야 하는 것은 마치 시소를 타는 일 같다. 그렇지만 한 번 시소에 앉아 본 사람은 또다시 주저앉고 싶어지지. 나를 가볍게 만들고 싶어 첨벙, 하고 도움닫기를 하고 싶어져 격렬하게 허공으로.

 강의 저편에 잠들어 있거나, 취해 있거나, 어쩌면 엉엉 울고 있을지도 모르는 사람을 깨워 함께 걸어 본다. 그림자도 없이 불러온 목소리는 자꾸만 흐릿해지고, 이제야 고백하는데, 이젠 진짜 말할 수 있는데. 실은 꽁꽁 숨겨둔 이야기가 있어. 나의 안녕을 위해 평생 가면을 쓸 수 있을 거라고 생각했던 비밀 말이야. 내가 앉은 쪽이 더 무거웠어야 했는데. 너는 나의 허영을 자꾸만 좋게 봐. 나는 무너지는 중이었는데, 너는 너무도 무거운 사람이었구나. 나는 완전히 기울어 버린 시소를 타고 싶지 않다. 어떤 위로는 슬픔으로 빈틈이 없는 듯하다.

돌아보면 낙엽이 싸락눈처럼 번져가고 있다. 강가. 오직 강가에서만 풀어놓는 대화가 있다. 아무도 몰랐으면, 아무도 모를 이야기를 물결 사이에 묻어 두고. 어떤 이야긴 실망스럽고, 어떤 이야긴 지치고, 또 어떤 이야긴 거짓말 같다. 그중에 진짜 목소릴 주고받을 수 있는 사람이 어디에 있어. 나는 무너지지 않기 위해 네가 모르는 너에게 말을 걸기로 한다.

제주에서

아침이 왔는데
이제야 문을 두드리는 졸음

너로 지새운 이 밤이
내게는 또다시 너무 달콤해져서

커피 가루 한 숟갈
녹차 가루 한 숟갈

휘휘 저어서
이리저리

향기로워
향기로워
정말
…

개 짖는 소리가 유독
많이 들리는 날이면
창문을 열어 좇는 꽁무니

여름의 색이 담긴 티셔츠를 입고
네가 뒤를 돌아보며 안기는 신기루

다리가 하나 없는 떠돌이 개만
내 속살을 파먹는 것에
금세 울부짖는다

심심찮은 꿈 얘기는 그만두고
어떻게 지내?

말은 육지에 두고 왔으니
전하고 싶은 편지는
감귤나무 아래에 묻어두고

당연한 일은
바다를 가로지르는
열차에 담아서 보낸

남원읍에 일찍 찾아온 6월

울음 큰 새라에게

어느 무위를 정점으로 꿈은 잠을 떠났다. 모질지도, 혹여 나슨하지도 않은 방식으로. 이따금 너의 갈비뼈를 여닫는 소리가 들린다. 해석 없는 작동. 나는 기이 눈이 좀먹혔던 탓에 귀가 아팠고, 그에 읍곡하는 대신 피리를 불었다. 이것은 불행이겠으나, 묘복일지도 모르겠습니다. 한여름에도 눈이 내렸으면 좋겠다. 밤이 어둔 것은 어둠이 있는 탓이 아니라, 빛이 없는 것이라던데. 밤이 우줄거리는 것은 꿈이 없는 탓 아니겠습니까. 너의 손은 나의 등줄기를 다정하게 꺾었어요. 내가 땅으로 더디 무너지는 동안 외던 시의 주인은 김수영*이었고. 그리고 나는…, 하고 입을 꾹 닫았는데 너의 변동은 작란인지, 장난인지 하는 도중, 적연 눈이 내리는 것이다. 그럼 이것은 반란일까, 반항일까. 어제의 여름과 이제의 어스름에 대해 비론한다.

우리는 박동과 낙하에 몰두하며

모쪼록 아프지 않길 바랍니다
이것은 각자에게

만부득이, 눈은 그러한 의미에서 멈추지 아니했고

꿈의 부재를 아는 몽유병자는 가닥 없는 미자나빔 속에서
해명과 변명, 그리고 나는…

나는 이제 기진하고 역능 없으므로

재입력
울음 큰 새라에게

.*김수영, 「공자의 생활난」(1945)

잘 쓰여있나요 나는 묻고 있는데

들추고 지웠다
우리는 사라진다

종이 위 글자로 쓰이는 사람에게

설탕이 세상을 지배할 수 있을까
예를 들면 마롱크림빵
다음 생에 뭐로 태어나야 좋을까
당신으로 태어나 볼까 봐요
종말이 오기 전에 같이 사라지는 건 어때요
각별해 보이니까
손을 잡고 사라지면 아무도 묻지 않을 텐데
어떻게 지내요

팔다리가 가늘고 가볍다
흑연이 날리고
나는 쓰고 있다 쓰여진다

글자는 묻는다
여기에 그 사람이 빠지면 어떻게 되는 거야

지운 자리에 쓴 흔적이 되는 거야
나는 말한다

먼저 터뜨린 폭죽 주변을 쓸어 담는 거야

무게 없는 말들이 차다고 느껴지던 날
고민했던 내년 생일 선물
아껴 뒀던 고양이 엽서와 주인 없는 엽서
모든 건 곱게 접히는 물성

쓰지 않겠다는 약속을 허공에 걸어 잠근다
부서지는 손가락

이듬해 어떤 소식에도
이름을 불러주거나
글자가 되어주지 말자

유자, 생일

6월 14일이 오면 케이크를 사 온다
미역국이 끓고 남은 폭죽을 두 개
테이블에 거꾸로 올려놓았다
K가 동그랗게 담겼다
넌 살아야만 했다

K가 고깔을 쓴 모습을 상상하면
끝까지 고깔처럼 모나야 했다는 생각

잘 산다는 것은 유자청을 두 스푼 탄 종이컵을 쥐는 것,
하늘로 향하는 비척한 입김과 너를 동시에 관찰하는 것
  긴 밤이 오면 K의 손목에서 흐른 피가 셔츠 소매에 묻었다 지하의 높이까지 낮아진 K에게 K는 무엇이었는지 나는 모르고 싶었다

남겨진 게 많아서 따라 죽지 않으려
우리 집에서의 유월을 수차례 버렸다

아직 촘촘한 마음의 밀도와
너의 자국이 가득한 화분에
열매를 맺은 유자나무

사랑스러운 K의 손목이 고혈을 흘릴 때
나는 무슨 말이 하고 싶어서 그렇게 떨었나

왜 K가 떠나고 나서야
전하고 싶은 말들의 온도가 높아질까

온난화가 왔나 봐
계속 자라기만 해
수신자가 없잖아

억센 줄기에 마음은 깨졌고 틈에서 말이 쏟아진다
떨림이 조금은 싱그럽다

쏟아진 말은 전부 하얀 맛이라
꽉 짜내면 시큼한 마음이 허물만 남을 것이다

그런데 난 그 허물조차 먹어 치울 거에요
더 이상 후회가 남아있지 않게
유자차 밑에 가라앉은 유자를 씹어먹는 심정으로

씹다가 아린 혀도 언젠가

K처럼 그리워지기를 바라며

안부는 시가 될 테니까
기일보다는 생일을 챙기고 싶다

눈물이 새서 일렁이는 행성
너만 사라진
우리 집

사라지지 않는

나는 당신의 얼굴을
파란 하늘 구름 속에 숨기고
숨을 참다 목이 메어올 때
고개를 들어 하늘을 바라봅니다

싱그러운 이파리는 바래가고
땅거미는 언제였는지 내려와 있을 때
나는 남몰래 당신을 꺼내봅니다

동틀 녘 물안개처럼 고요히 내려앉아
스치는 바람에도 아스라질 듯
내 안을 자욱히 채웠던 존재는 희미해져 버리고

창공은 시린 푸르름으로 물들고
찬란했던 생명이 빛을 잃어갈 때
나는 길어진 그림자 끝에 걸터앉아
여전히 당신을 찾습니다

사랑 없이

몇 년째 답장이 오지 않는 번호로 생일 축하 메시지를 보낸다

자살하는 사람들은 세상을 너무 사랑해서 죽는 걸지도 몰라
눈 오는 창밖을 보며 그런 말을 하는 얼굴을 바라보았다
눈꺼풀이 열리고 닫힐 때마다
눈이 내리는 것 같았다 속눈썹과 속눈썹이 부딪히는 소리
물 어린 눈동자가 움직일 땐
입 맞추는 소리가 났다

겁 없이 달려가 안은 어깨가 빠르게 굳었다
밀어내지도 마주 안지도 않은 두 손
가벼운 척 어깨를 두드려주고
떨어졌다

사람들은 마음 없이도 곧잘 악수한다
지문과 지문이 겹쳤다 떨어지는 줄도 모르고

눈사람을 데려와 냉동실에 넣어두다가도 녹은 물을 바라볼 틈도 없이 닦아낸다 너를 이해할 수 없어 절망하다가도 네게서 오는 전화는 받지 않고 거울을 똑바로 보며 머리칼을 빗다가도 손톱을 뽑고 머리를 쥐어뜯는 꿈 조심히 쓰다듬던 보드라운 뺨을 후려갈기고 싶어 짓이기는 입술

손이 차가워 보여서
그 이유만으로
너는 빙판길을 달려와 손을 잡아주었었지

생일 축하해
길고 길었던 기도문 중 가장 가벼운 한 구절을 보낸다
네가 너를 너무 사랑해서
다시 태어난 거였으면 좋겠다

빙판길은 기어이 녹는다
사람들은 급체한 얼굴로 빠르게 사라져 간다

마른 우중의 안부

다리를 두고 떠내려온 몸통은
뭐가 그리 서운해서 사람들을 쏘고 다닐까

내가 여기 있어
있었어

녹은 해파리 냉채
아니 죽은 해파리 온채

바닷가에서 만난 사람의 팔에는
잉어 문신이 있었는데
아이는 아까 놓친 물고기가 거기에 있다는 말을 하고

나는 움직이는 팔을 보면서
녹지 않은
안 죽은 물고기를 본다
비가 내리는 걸 본다

슬픔에 젖지 않기 위해 우비를 입는 사람과
슬픔을 밟고 싶어서 장화를 신는 사람
우리에게 첨벙대기 위해 뛰어드는 아이

빗속에도 물고기가 있을까요
해파리는 다리를 하나도 잃지 않을까요
괜찮을까요

묻는 말들이 엉망으로 퍼지는데
비가 와서 다행이다
여기가 바다가 아니라서 다행이다
못 들었다고 말할 수 있어서

물고기의 집이 어딘지 묻는 아이는
잠든 적이 없는데
꿈을 꾸었다는 말을 하고

해파리는 아이의 꿈속에서 아마

시시한 편지의 서두

내 편지의 서두는 정해져 있다

너무 오랜만이라 무슨 말을 써야 할지
펜을 쥐고 한참 고민하다가 적기 시작해

고민이 무색해지는 평범함에
자음과 모음이 흩어져 사라지면
사랑이 적혔다고 할 수 있을까

사랑이 이렇게나 시시하지
한 글자 적어내지 못하고 망설이는 건 시시하기 때문이다

자음과 모음으로 내 마음을 전한다는 게
왜 이렇게 시시한지
그런데 세상에서 시시한 게 가장 어려운 것 알지
망설인다는 건 사랑하기 때문인데
망설이기 때문에 시시한 것인데

정갈하지 않은 마음을
가늘게 적어내다 보면

이게 아닌데
적힌 마음이 시시해서 내가 더 슬퍼지는 일

너무 오랜만이라 무슨 말을 써야 할지
펜을 쥐고 한참 고민하다가 적기 시작해

이번 편지도 시시해진다

안부

사방에 묻는다 평소와는 달리 조심스러운 어투로
아- 음- 중간중간 새어 나오는 긴 한숨과
죽-박-죽-뒤 순서 없는 여러 안부들
혹 누군가 전해 줄까 하고 하늘에게 땅에게 바람에게
새에게 돌에게 또는 어쩌다 죽은 이에게 부탁을 해 본다

언젠가 몇 년 만에 전화를 해 안부를 묻던 밤
마음에 담고 있던 말을 다 하지 못하고 뚝 끊어 버렸지
나는 처절했는데 당신은 여전히 해맑았어
엄마라는 사람이

나 없으니까 좋아?
좋아!

사방에서 반송되어 오는 안부 서둘러 다음 말을 잇대어 본다
눈물- 눈물- 그러나 침묵은 당신의 가장 강력한 무기가 되었고
바다 어디쯤 헤매고 있을 당신을 생각하면

어디에도 있지 않을 수 있게 된 당신에게
어디에도 당도하지 않을 안부를 묻는다
꼭 행복하고 있으라고

7월 7일

하늘을 보면 당신이 쏟아질 거라 믿었다. 별이 많으면 저게 다 구멍 같지. 나는 셈을 할 때만 하늘을 찾는다. 거의 세어 본 줄 알았는데 또 까먹었다. 다시 셈을 하러 높게 일어난 빌딩으로 올라간다. 어둠을 자꾸 들여다보면 두려울 때마다 숨고 싶지. 숨긴 것들을 담아내느라 넓어진 별을 닮은 구멍에. 어릴 적에 집어넣은 것들과 당신이 한데 뭉쳐서 튀어나온다. 하늘에서 난 것들은 죄다 축축하다. 열 개뿐인 손가락을 들어 별에게 넘기지 못한 기억을 더듬어본다. 이제 나에게로 와. 미소를 지어 보이며 당신이 밤하늘에서 쏟아진다. 잘 지냈지. 다녀왔어. 서로를 껴안고.

여름비를 위한 연습

여름비는 생각보다 빨리 왔다 갑자기 온 손님은 우산도 두고 달아났고 쓰러진 나무 밑에서 안부를 물을 수 없는 이야기들이 흘러나왔다 눈길이 닿지 않는 곳에 묻어둔 편지들이었다 여름비는 항상 이상한 발견을 만든다 이때만 볼 수 있는 습기의 이름은 어떻게 지어야 할까 조만간 사라질 이름이겠지만 멈추기 전까지는 같이 젖는 이름이다 같이 있는 여름이다

편지를 받는 사람보다 편지를 쓰는 사람이 많다는 건 아직 이 세상이 사랑에 서투르다는 증거 생각하기도 싫고 삼키기도 힘든 이야기에 대해서는 일부러 답장을 길게 적는다 사랑을 믿는 건 무서운 일이니까 아무것도 잃을 것이 없는 척 나를 접었다 폈다 하며 안부를 묻는다 우리는 아직도 솔직하지 않다 밤마다 맡는 비와 흙의 냄새 때로는 여름의 것이 아닌 것이 찾아온다 결국 나는 다른 사람과 울어버리게 될까?

네 잘 지내세요 속삭이며 흘러 내려가는 말들 사이로 끝맺지 못한 편지들을 던진다 각자 다른 여름을 보내는 것만으로도 이 여름은 충분히 잘 사라질 것 같다 소나기도 장마도 아닌 이 여름비의 이름을 지어본다 그림자 위로 자주 비치던 여름의 얼굴을 생각하며

망원경과 임시 보관함

마음 닿는 대로 떠난다 일렀는데
도중에 착륙이 많았다

새는 끼룩끼룩 울 줄 알았는데 아니었어
거미는 거미줄을 짓다 말고 잠에 들었고

곰의 발바닥은 나의 머리와 같았지
한 번 숨어들면 지구는 포근해질까

굽이 없는 신은 땅의 무게를 알려주었어
어딘가로 굽이굽이 맞춰보라고

새 신을 사고 싶지만 지금보다 더 잘 맞는 건 없어서

해가 지는 노을을 따라가다 보면 가을이 찾아오고
낙엽이 우수수 떨어지는 이유는 하늘이 높으니까

시월에는 작은 화분을 사두었다
담으려는 게 아니라 멀리서 지켜보려고

창틀에 햇살이 걸려버리고 말았어

그 밑에는 빨래 걸이가 놓여 있었고

마음을 전송하게 되면
비워지는 걸까 쌓여지는 걸까

내 손바닥 안에 적힌 글은 나침반이 없어서

대신 바람이야
어디까지 관통할까

리그렛 메시지

이를테면 해파리의 심장이 되고 싶어
그 선언과 함께 여름 내내 가라앉고 있다

정말 바닥이 존재하기는 하는 걸까

숨을 참은 순간 돋아난 아가미와
비늘을 숨기지 않아도 괜찮은 관계

친구들은 어째 멍청한 해양 생물처럼
유영과 수영도 구분하지 못하는 상태

정착에 성공한 멍게의 뇌가 어떻게 되는지 알고 있어?

그간 사랑이라 믿었던 것들은 사실
오래 잠수하는 연습에 불과했나 봐

가만 보면 바다는 엎지를 수도 없고
주워 담을 수도 없다는 게 너무하지

그래서 어제는 불안에 대해 썼어
오늘은 처음 씹었던 카프레제의 감각

화장실에 다녀온 그녀는
곧바로 담배를 피우러 가고
나는 혼자 있는 시간 동안
혼자 있는 시간에 대해 생각하고

설탕이 뿌려진 토마토처럼
내 안의 무엇인가 파괴되는 기분

수면 위에 띄운 유리병처럼
어떤 달콤함은 그저 형벌 같다

시간은 파도처럼 지나갈 뿐이구나
나는 오늘도 나를 견디고 있는데

술자리가 파한 뒤 비척거리며 집으로 돌아와
잉어로 환생한 전생의 연인에게 편지를 쓴다

이번 생에는 연못으로 태어나지 못해서 미안해

겨울을 나는

첫눈이란 말은 참 신기해요
비가 처음 내린 날은 모두 신경 밖이면서
눈은 처음을 기념하니 유독 헷갈리지 않습니까

재차 건져 올린다
부산의 어느 길목에까지도 눈이 왔던
그해 11월 말일의 전야를

나는 이게 올해 첫눈인가 물었고
당신은 나랑 봐서 실망했느냐며 되물었다
그런 게 아니라고 말해야 했는데

떳떳하지 못한 진심에는 점성이 있다
좀처럼 열리지 않는 입과 떨어지지 않는 발이 그 직접 증거

발화하기를 망설이는 내 눈이 땅을 향했다
나의 시야에 들어온 건 오로지 발밑에 쌓여 있는 눈뿐이었지만
섭섭함에 고개를 떨구고 있던 당신은 작게 중얼거렸다

슬리퍼 신었네
발 시리겠다

곧이어 한 글자씩 힘주어 발음했다
괜찮아요 첫눈은 내년에 또 오잖아요
괜찮다면서도 괜찮지 않은 당신의 얼굴에 대고 묻고 싶었다
그렇다면 당신은 첫눈입니까

내 확신은 그로부터 몇 번의 첫눈이 지나고 찾아왔다
당신의 말처럼 첫눈은 매년 내리고 언젠가 부산의 그 길목을 다시 덮을 텐데
그해 첫눈을 지낸 후 당신은 다시 오지 않았다
그렇다면 당신은 첫눈이 아닌 겁니까

듣지 않기 때문에 전할 수 있는 인사를 남긴다
이제야 사랑할 수 있을 것 같습니다
그것이 해마다 첫눈처럼 겹겹이 쌓이면서도
첫눈과 달리 더 이상 내 곁에 남아 있지 않은 당신이라 한들

도달불능극

울고만 있어도 십이월이 왔다
눈이 내리면 넘어지게 될 것이라고 말했지만 언 땅에서 살아가는 사람들도 있다

눈물은 사라지는 곳 도달불능극의 당신
잘 지내나요 이 물음은 영영 나의 것이다

대답이 돌아오지 않을 것을 알면서도 꼬박꼬박 끼니를 챙기듯 기억의 머릿수를 센다 울고 싶지 않다고 말하는 날에는 예지몽을 꾼다 눈물이 쿵 떨어져서 지구가 반으로 갈라지는 꿈 양파껍질 같은 땅덩이 안에 펄펄 끓는 사랑이 있었다는 이야기 유치한 사랑 노래를 부르는 너의 기억으로 나는 지구본처럼 와장창 깨져버릴 수도 있다

뼛속까지 얼어버리면 너의 바다로 녹아들게 될까 발끝을 들고 파도 위에 서서 종이비행기를 날려 보낸다 따뜻한 너를 만나게 해달라고 소리를 지른다 견디지 못할 만큼 거대한 사랑을 하고 있습니까 꿈속에서는 빙하가 허리를 굽히고 묻는다 새하얀 동공을 바라본다 당신은 무엇을 잃었습니까 나는 기도문처럼 극지방의 눈동자를 읽을 것이다

사람이 사람에게 잊히면 별이 된다고 믿는 지구인의 못된 버릇
 이제 너는 먼 곳의 우주가 되어가고
 나는 너와 가까워지려고 너의 귓속말을 들어보려고 모로 눕는다

 사랑은 모조리 스며드는 곳 도달불능극의 당신
 저는 잘 지내요 이 대답만은 영영 너의 것이다

Lithium

무감동한 어른이 되었는데 어쩌지
앙상한 겨울나무에
몰래 떼어와 달아놓은 듯했던 검은 별
나뭇가지 같은 데엔 눈길도 주지 않는 사람이 되었는데
어떡하지 난, 그 나무의 정체는 어른이 된 지금도 알 수가 없는데

함께이기 위해 새로 태어나는 꿈같은 건 생각지도 않았다고
세상이 어떤 곳인지도 관심 없던 나이였는데
너무나 성급하게 끼어들던
역접의 접속사들이 전부 다 사라진 미래
나는 그저 우울한 십 대였을 뿐인데
대책 없는 나였을 뿐인데

새벽에 손을 잡고 몰래 숨어들었던 교회의 커다란 트리
전구들이 알알이 터지며 불이 붙고 추억으로 번져
황홀하게 타오르고 재가 되고 모조리 다
없어지고

그날 밤 울었어 내내
천둥을 껴안고 번개 소릴 내면서
그렇게 어른이 되었는데
어른이 된 지금도 알 수가 없는데

어딘가에서 헤아려가는 중이니
희미해져 가는 것보다
한순간 타오르는 게 나을지

계절은 벌써 몇십 번이나 더해지고
장소들은 없는 곳이 되어가고
시간은 곱해지고 나눠져서 남는 건 이 따위 문장들이라
해도
잘 지내
잘 지내, 잘 지내, 잘 지내

나의 롤리타 결국

나는 너에게 이 시대의 사랑이 무엇이냐고 물어봤어 너는 결국 얼버무리며 이렇게 이야기했어 변태할 수 있는 자가 결국 사랑을 쟁취할 수 있다고 그런데 그런 너한테 나는 이렇게 이야기했지 나는 평생 변태하지 못하는 쇳덩이 애벌레라고

너는 차마 아직 뚫고 나오지 못한 나에게 위로를 건넸지 나는 쇳덩이가 아니라 아주 잠시 딱딱해진 거라고 하지만 나는 무엇보다 내가 아주 강한 쇳덩이란 걸 알고 있어서 아무 말도 못 한 채 그저 널 바라보기만 했어

   내가 널 얼마나 바라봤을까
   아주 잠깐
   근데 결국 넌 날 쇳덩이 애벌레라고 인정하고
   나의 변태
   그 희망마저 허물고 떠나버렸지
   네 말이 맞았다
   이 시대의 사랑에 대한
   네 의견

전할 수 없는 안부는 늘 이런 식으로, 내 마음속에서, 되뇌이며, 돌고, 돌다, 침체되고, 죽다, 살다, 너에게 향하다, 늘 이런 식으로, 내 마음속에서, 되뇌이며, 돌고, 돌다, 침체되고, 죽는다

관을 열고 일어나 아침에게 인사

장례식장에서 절대 하면 안 되는 행동
그건 바로
부활이에요
갑자기 살아나면 서로가 당황스럽겠죠?
그럼 다음에 만나요

평소처럼 이불에 꽁꽁 숨어
하루 종일 겨우 참았던 숨을 뱉다

딱 내 몸 하나 들어가면 꽉 차는 그런 곳
더 단단하고 안전한 방이 있으면 좋겠다

박스는 너무 잘 부서지고
텐트는 집에 공간이 없을 것 같아
역시 관이 좋겠다 죽음처럼 미련 없이 잠들고

일어나서 깨어나는 세상과 부활
어색하게 태양과 인사

안녕?

미련 없다는 말은 거짓말
어제의 죽음으로 미처 못 꾼 꿈을 일어나서 꾸는 거야

낮에는
어제와 똑같은 모양의 구름에게 의미 부여
저 구름은 고양이 발자국처럼 생겼다

밤에는
저게 인공위성인지 별인지
드디어 지구를 부술 운석의 도착인지 내기하기

새벽이 오면
관에 들어가서 내일이 올지 상상

또 어색한 아침이 오고
모두에게 부활 인사

안녕!

M과 마지막 연필

오랫동안 함께한 M과 내가 헤어지는 날
한참을 서 있다 겨우 등을 돌린 내게
M은 이내 돌아와
연필 한 타를 손에 쥐어주고
연필은 문인의 동료라며
다 닳아버리면 언제든 연락하라고 했다

글을 쓰지 않은 날에도
M의 이름만 몇 번이고 쓰고 지우고
이미 가시 같아진 연필심을 보고도
모르는 척 깎고 또 깎았다

수북이 쌓인 연필밥처럼
수북이 쌓여가는 그리움

한 마디 남은 연필은
다 쓴 거나 마찬가지지
홀로 중얼거리며
M에게 연락을 보낸다

벌써 다 써버린 거냐는 M의 물음에는
대답 대신
그동안 잘 지냈냐고
연필밥에 숨어있던 말을 뱉었다

이제는
닿지 않는 M에게 묻는다

M
알고 있니
나는 지금
마지막 연필 한 자루로
이 글을 쓰고 있어

안부선언

사랑한다는 말로는 사랑할 수 없고, 잘 지내냐는 말로는 상대의 안부를 알 수 없다. 이건 일종의 선언 같은 것이다. 속내는 어떨지 몰라도 나는 당장 표면적으로는 너를 사랑하고, 너의 안부가 궁금한 것.

이 선언은 일종의 약속처럼 여겨진다. 배신하지 않을 것이라는 약속. 지켜지지 않을 것을 알면서도 영원하자고 하는 약속.

내게 안부 인사로 같이 죽어버리자고 했던 너는 내게 어떤 선언을 한 것일까. 바람처럼 왔다가 먼지처럼 사라진 너를 아직 나는 기억한다. 나는 오늘도 옥상에 올라 하늘을 쳐다보며 가만히 또 가만히 있는다.

집을 잃은 아이처럼 울면서 앞을 가본다. 하나, 둘, 셋, 그리고 하나, 둘 우리 집 옥상의 모서리. 난간을 따라 무성히 자란 넝쿨들이 이상하게도 모서리에는 좀처럼 뻗치지 않는다. 나는 뚫어져라 그곳을 쳐다본다. 안녕. 혼잣말로 되뇌어 보는 하루.

II

To.

 너의 눈에 담긴 염원을 보면 세상에 단 우리만이 남아있다는 생각이 들고 그 유구의 기개는 너의 순애니까 너는 네 세상을 언제까지고 사랑하겠구나

 영원이 영원하지 않다는 것은 누구나 알고 있는 일이지만 네 이름을 보면 그 허영된 꿈을 믿고 싶어져서 작은 등에 서린 세상의 어리석음이 너를 한껏 짓눌러도 묵묵히 증명의 검을 제련하던 내 낭만아 너는 과정의 파생으로부터 행복을 찾지만 승리는 온전히 너의 것이니까 그것만을 갈구해도 괜찮아

 새벽에 사는 너에게 닿을 수 없는 말들을 작은 편지지에 게워 내고 너의 안온에 인사하는 오후 열 시 십사 분 곧 잠에서 깰 너를 데리러 갈 수는 없지만 나쁜 꿈은 그곳에 두고 오라는 안부 정도는 물을 수 있을지도 몰라

 P.s. 너의 맹세와 정의가 그리고 청춘이 무한하기를

From.

나의 시므온

창밖에선 비가 내리나 봐요.

외창에 부딪히는 빗소리가 소란해요.
빗방울들은 온몸을 바쳐 대체 무슨 말을 하고 싶은 걸까요?

시므온, 당신이 보낸 편지를 받았으면 해요.
내 희망은 요원한 일이라,
나는 편지를 기다리다 일생을 보낼지도 모르죠.

바라도 바래지지 않는 건 당신에게 보내는 편지에 물성이 없는 탓이에요. 나는 물성 없이 만질 수도 볼 수도 없는 고백을 늑골 사이 빈 공간에 적어넣으며 잊으려 매진해 보았지만 물성 없는 마음은 그치지 않았어요.

마치 끊이지 않는 빗소리처럼. 무슨 말인가 전하고 싶어 한 겹의 외창을 영원히 두드리는 저 무수한 죽음 같은 빗방울처럼 당신에게 전할 말이 있어요. 하지만,

입을 떼면 해무처럼 흩어지는 단어들. 나는 이 편지를 늑골 사이 침윤시키지만 당신이 나의 편지를 읽으려면 나의 가슴 속 빈 공간을 가만히 들여다보아야겠죠.

요원한 일이에요.

낱말로 된 편지를 적지 않는 건 아주 비루한 이유예요. 당신을 깊이 찌를수록 나는 더 깊이 찔린다는 것을 알아요. 이 부당한 교환비. 수없이 자기를 버려가는 저 빗방울들처럼.

시므온, 당신이 보낸 편지를 받았으면 해요.
단 한 줄이라도. 부디,
슬픔만은 내가 안고 갈 테니. 당신, 그대, 나의 시므온.

나는 못다 한 말을 헤아리며 창문에 산산이 부딪히는 저 비들처럼
아주 소란하게 죽을 거예요.

달그림자

묻고 싶은 말이 있어요.
바람이 선선합니다.
하늘에 구름 한 점 없건만
발그스레 달그림자가 울렁입니다.

입춘인지 처서인지 또 어느 때에
이런 밤이 있었습니다.
실은 내가 기억합니다만
당신은 모르겠지요.
달과 지구가 어디에 머물렀으며
어떤 고갯짓으로 서로를 가렸는지
당신은 쭉 모르겠지요.

별빛이 서늘합니다.
웅크린 나의 그림자가 올라오면
별이 지평선으로 돌아갑니다.
실은 틀렸습니다.
궤도에 묶인 건 나였어요.
나는 그걸 몰라
아니 알면서도 유성우를 맞았습니다.

그날의 빛을 고이 묻었으니
어쨌든 당신은 모르겠지요.

우주는 끝없이 몸집을 키우고
별은 영영 멀어지고
묻지 못해
끝내 묻지 못해 차고 기우는
그런 말이 있어요.

수신인 분명

당신에게 묻고 싶었어
그토록 세상을 다정하게 바라보던 시선을
서툴게 굴다 넘어져도 절대 다치지 않던 방법을
이제 나에게 남은 삶을 홀로 품고 살아갈 수 있는 길을

당신과 함께 묻고 싶었어
몇 번이고 외면해도 다시 태어나는 새벽을
이미 홀로 낡아버린 나의 지난한 생과 내일을
당신이 남긴 흔적을 엉거주춤하게 끌어안는 모습을

물어내라 하고 싶었어
인간의 몸속에 나침반이 있다면
그 바늘의 끝이 가리키고 있는 건 심장일 거라고
그리하여 나는
온 우주에서 유난히 헤매는 사람이 되었다고
전부 당신을 여전히 좇고 있는 탓이라고

아직도 묻고 있어
무수히 존재한다던 평행 우주가 멸종되고
평면으로 만날 확률이 얼마나 되는지

수백 번 재회해도 수천 번 헤어질 수밖에 없는 건지
조악한 불운이 모두 어긋나기를 바라는 건
오로지 나만의 욕심인지

모르는 척 다시 물어볼게
빙하기라 날이 쌀쌀하다
우리 백 년 만이네 요즈음 어떻게 지내
안녕하지 않아도 안녕하게 잘 살고 있지

다행이다
돌아오면 안 돼
이 지구가 멸망하기 전까지
잘 자

장미가 다 지고

나의 평안한 안부를 기대하는 당신께

  안녕, 나의 침묵을 걱정하던 내 사랑. 우리는 안녕으로 끝마쳐 또 안녕으로 시작이에요.
  저번 한겨울의 인사에 이제야 답하는 내게 혹여 속상한 마음을 가질까 걱정인 이 진심을 아시려나요. 사랑 속에서 몇 번이나 적다 버려진 편지지들을 모아 당신께 선물하고 싶단 생각을 합니다, 자주요. 구태여 짜여진 이야길 선보일 여유가 없는 나를 안다면, 구차한 이 고백을 정면으로 바라봐 줘요.

  소란스럽지 않아 당신의 보살핌을 받던 나는 이번 여름에도 삼켜지지 않는 악몽들을 넘기려 바빴다는 소식을 지금 전해도 될지 모르겠어요. 나의 귀인인 당신의 여름은 어떠셨나요. 다정히 굴지 않는 세상에게 화가 나 눈물을 흘리는 나날들이 이어진 건 아닐지 장미가 다 지고 오는 한참의 장마를 혼자서 맞이하진 않았었는지 의문이 드는 나를 혹시 미워하나요.

  늘 늦어서야 볼품없는 안부를 전하는 내게 당신은 지나친 다정을 안고 있어서,

가끔은 당신의 기도가 신에게 닿지 않길 빌곤 합니다.

나의 평안을 보고 싶다는 그 바람을 이뤄주지 못해 미안해요.
약하디 약한 나를 가지고서 계절을 이겨내는 일은 여전히 익숙지가 않아서 또 울고야 말았네요. 당신을 마주할 그때에는 울고 싶지 않은데요. 그대를 닮은 꽃 한 다발을 사 나를 응시할 두 눈동자를 가리고 말하고 싶어요. 같이 도망가는 건 어떻겠냐고.

추신, 꿈속에서라도 좋으니 내 꿈에 찾아와줘요.
안온한 밤을 보내지 않더라도 늘 같은 곳에 있을게요.

그럼 안녕.

입동 준비

편지인 척하는 시에서는
마음껏 다정해도 괜찮습니다
근황이 어떠한가요?

눈 내릴 날이 머지않았고 무용한 것들에 대해 생각합니다
무용, 쓸모가 없고 볼 일이 없고 여하튼 없는 것이라고 했는
데 그럴 바에는 다리를 뜨개질하듯 찢거나 스노우볼 굴리
듯 둥그르거나 하며 진짜 무용이나 하고 싶다는 말장난

단어의 각도를 구부리거나
길이를 재단하는 일이 나의 천직이고
추운 날에는 그런 걸 하며
명확한 누군가를 기다리는 경우, 왕왕 있습니다

낭만적이라고 느끼신다면
좋은 징조겠지요

상흔의 형태를
화상에서 동상으로 바꾸어가는

지구 온난화를 생각하며
이불 밑에 웅크린
시집처럼 존재 중입니다마는

질문입니다
쌓이게 될 눈을 보면
풀썩 누울까요?
갓 태어난 아기처럼
흰색이 되어버릴까요?
눈사람처럼
영혼을 부풀리고 돌아가는 길에는
몸을 데울 음료를 사 갈까요?

겨울의 도입부에서 저는
홀로 자주 그러고 있고
감히 당신이 꺼내 쓰지 못하는
유일한 편지지가 되고 싶어 합니다
근황이 어떠한가요?

2015년

연못 놀이터 모래놀이 피아노학원
하굣길 손바닥에 손가락으로 글씨를 쓰며 웃었던 너
오래된 기억의 가치
내가 그것들을 감히 사랑해도 될까

Y에게,

편지는 내 안에서 맴돌고 장마에 젖어버렸다 우울은 비를 부르고 도저히 끝날 기미가 안 보이기에 네가 준 음료수 한 잔 속 얼음은 전부 녹았다 그래도 여전히 달콤하더라 몸이 멀어지면 마음도 멀어진대 하며 슬퍼했던 너 깊게 고민해 보다 그게 우리가 가진 감정의 가치라는 걸 알아차렸을 땐 이미 늦었다 유치한 사랑 한 잔을 마시며 새파란 하늘과 붉은 하늘이 만나 결국 소멸할 때까지 나는 너에게 보낼 글을 적는다

다시는 돌아오지 않을 그해 봄을 지나 기억 속에서는 물망초가 피어났다 온통 너였던 계절을 홀로 추억하고 나에게 전했던 여러 장의 편지만이 그 속에 존재하는 기억을 대변한다 운명을 함부로 믿으며 물어볼래 잘 지내고 있니 특이하고 소중한 너의 이름을 난 기억해 일방적으로 다소

이기적으로 혼자서 널 마주하고 새빨간 버튼 하나로 겨우 신호를 전하고

나 찾았어?

종이비행기에 접어 보낼까 말까 고민하다 삼켰다
어떤 마음은 소멸한다던데
왜 난 희석되지도 않고
오래 보관했다는 이유만으로 더 깊어져 버렸는지

9년이 지났고
서랍을 열어 보았는데
넌 여전히 선명하고
그 눈웃음을 아직 좋아해

잎에게

 심어진 위치에 서서 당신이 기대러 올 것을 가끔 기다려 보기도 하고
 보고 싶어 할까 봐 가지를 좀 더 뻗어내 보려 하기도 했어요

 켜켜이 쌓인 애정이 담긴 이가 되어가는 그대를 괜스레 그리워하며
 글자가 없는 편지를 보낸 나날들을 떠올려 보네요

 눌러 담지 못했던 글자들은 씨앗이 되어 흩뿌려지고 말았어요
 바짝 압축해야만 전달할 수 있는 마음속 이야기들을
 흙 한 줌 아래에 있는 당신의 집에 보내드려요

 할 말이 목 끝까지 차올랐음에도 아무 말이 없을지언정
 모두 느끼고 있음을 제게 솔직히 알려주는 당신이
 마음 아픈 일들을 겪고 있음을 덜어내 주면
 제게 주어진 범위만큼의 응원을 보내요

잎들은 바람결 따라 춤을 추지만
언제나 흔들리지 않는 곧은 나무처럼

홀연히 서 있는 존재라 일컬어준 당신이
힘들수록 세상과 단절되어 간다고 여길 때

저의 가지에 매달려있어 주는 것만으로도 소중하므로
편안한 시기가 오려면 여러모로 멀다 하는 당신에게
나무가 흔들리는 잎들과 덩달아 춤을 추려 하면
모든 잎에 절망이 찾아왔을 것이라 전해요

다행히 우리는 이어진 줄기를 붙잡고
양분을 나누는 날을 놓치지 않았어요

오랜 시간이 지나더라도
씨앗이 심어진 순간으로
편히 되돌아올 수 있도록
당신의 나무가 되어줄게요

제게 당신은
소중한 사람이 되어가고 있음을 전해요

품

들어봐 하나야
글쎄, 우리의 그늘이었던 등나무 덩굴을 모두 베어버렸어
가장 아름다울 차례 기다리다 만개하였더니 꽃가루가 아이들의 눈을 붉히고 피부를 가렵게 하고 목을 졸랐다는 이유로
우리 눈동자에 자줏빛이 비칠 때 머리 건너에서도 누군가 죽어가고 있었을까?
지금쯤 주렁주렁 피었을 텐데
흔들리는 쇠뜨기 풀 보고선 뱀 꼬리라며
내 손잡고 달아났던 우리 집 뒷산에는 한 번도 가지 않았어
허덕이며 섞인 숨
진흙탕에 깊게 빠져 더러워진 어린이 구두
서로 닦아주던 풀독
달아나 도착한 우리의 저수지는 철새들이 돌아오는 곳
요즘엔 이방인들이 그곳에 땅을 얻었어
청둥오리 떼가 날아올라 그것들의 그림자가 이방인의 땅에 드리워져
그가 새 떼를 향해 엽총을 겨누어
방아쇠를 당기는 손가락을 응시해

이제 함부로 허덕여 누군가와 숨을 섞지 않아
분별력 있게 고르고 골라 내뱉은 숨

퍼지는 입김 뒤로 추락하는 청둥오리 하나
여기 널 아는 사람은 나뿐이고 거기 날 아는 사람은 너뿐이야
너도 그곳에선 이방인일까
여전히 금요일에는 생선을 먹지 않니?
안부에 무슨 품이 이다지도 드는지
나는 방금 어떤 말을 삼켰어

싸구려 보청기

사랑 시의 끝자락에는 네가 서 있어
아름답게 쓰인 사랑 시를 읽으며 신경을 곤두세우는 나를 볼 때 나는 네가 되거든

무언가를 읽는 순간이 오면 뒷장부터 펼쳐 읽는 습관 덕에 마지막 페이지에 나와 너를 걸어버릴 수 있게 되었어

우린 그렇게 남들이 한 사랑에 걸려있을 뿐이야

율아, 나는 드디어 듣는 것을 하지 못하게 되었어
싸구려 보청기를 저렴한 가격에 판다는 성우 오빠 이야기를 듣고 내가 가진 보청기를 값싼 가격에 팔아 버리고 싶었어
내가 가진 보청기가 아직은 많거든

나의 안부를 러브 레터로 전할 수 없어서 미안해
빨간색 하트로 채워진 핑크색 편지지 위에 검정색 영혼을 사랑한다는 말을 적을게
그러니 영혼을 도려내겠다는 말을 기억해주겠니

대신

내가 가진 보청기를 줄게

한 줄 편지

보내는 이
학교 뒤 비밀 아지트

   식탁에 올라간 사과 뒤통수의 작은 베어 묾이라던가 구두 뒤축이 내리누른 자국에 고인 빗물* 명숙이의 백 뒤에 감춰진 양말 구멍** 같은 것들 시든 장미밭 뒤로 노을이 지면 장미가 황금빛으로 반짝인다는 사실을 장미는 모르겠지 휴지에 스며든 핏방울이 촛불 앞에서 황금색으로 빛나는 금테를 가진다는 걸 모르는 것처럼 너도 그렇게 요즘은 잘 지내? 난 이런 것들이 자꾸 밟혀서 이젠 정이 들어버렸어 날파리가 앉은 곳에 남은 작은 마음들 같은 거 있잖아 부스러기가 내 마음을 계속 간지럽혀 나도 너에게 부스러기이고 싶다 이었고 싶다 너도 마음이 간질 했으면 했다 너라면 나를 무수히 조각내어 주어도 좋고 간지럽지 않아질 때 다시 부스러기를 털어주고 *샥샥* 날파리처럼 날이 또 추워지고 싶다 그래 데워둔 손난로를 네 밑에 슥 넣어 두기로 하고 네가 떠나기로 했던 날은 추운 여름이어서 이런 것들이 자꾸 밟혀서 사랑한다는 말은 아끼는 게 아니라는 걸 너로 배운 탓에 같이 나누어 먹고 싶다는 이유로 도시락에 넣어뒀다 몇 달이 지나도 따뜻했던 도시락을 혼

자 꾸역꾸역 그 많던 것을 전부 먹었다 그래서 지금까지 체하는가 보다

요즘은 잘 지내? 답장은 안 해줘도 괜찮아

받는 이
밑에서 세 번째 오른쪽으로 다섯 번째 칸

*이상, ≪소영위제≫(1934)
**이범선, ≪오발탄≫(1959)

Dear,

한 어기 어기 아끼어서
이른 봄 마른 가지 위
수줍음 가득 담아 피어나는 목련에
그대 향한 감정 담아 전하면
그 진심 겨우내 농익어 진할까,

새하얀 눈밭을 걸어온 덕에
아무것도 묻지 않았습니다.
그대 눈물 이외의 것은
이 마음 녹일 리 만무하기에
신경 쓰지 않고 두셔도 괜찮습니다.

한 마디 마디 고민하여
이은 나의 문장들 위
눈웃음 제법 지어질 만큼만 형용해
너무 진하지 않고 담백할 정도로
덧붙여 전하면 조금은 농익을까,

익명의 어둠을 빌려본 탓에
미약한 거짓 조금 고하지 않았습니다.

필자 진심 이외의 것은
이 글발 위 쓰일 리 만무하기에
사뭇 의심 않고 읽으셔도 괜찮습니다.

여름 안부

잘 지내니 나는 잘 지내고 있어 물론 행복하다는 건 아니고 딱히 별일 없이 지내고 있어 아침에 일어나 씻고 대충 끼니를 챙기고는 오늘의 날씨를 확인하고 좋아하는 사람과 싫어하는 사람들 틈에서 이리저리 치이다 집에 와서 몇 편의 시를 읽고 질리기 직전의 노래를 들어 그러고는 잠에 들지 가끔은 묘한 기분이 들곤 해 모순적이고 바보 같은 기분 말이야 예를 들면 잠들기 싫은데 자야 할 때 있잖아 그럴 때면 아예 한 몇 달 깨지 않았으면 싶어 그리고 꿈에 네가 나와서는 너와 동네 공원을 걷고 네가 좋아하는 곳에 들러 맥주를 마시며 시시콜콜한 이야기들을 나누었으면 하는 그런 꿈 봄과 여름 사이에서 한없이 방황하는 꿈을 꾼다면 그럴 수만 있다면 좋겠다는 생각이 들어 이 계절을 전부 네 꿈으로 물들인다면 무채색의 내 일상도 조금은 화사해질 수 있지 않을까 꼭 너처럼 내 재미없는 농담에도 웃던 두 볼에 봉숭아 물들이며 계절을 만지작거리던 그때의 너처럼

문자

 안녕, 잘자. 습관처럼 하는 말에 담긴 마음을 너는 알까? 사실 몰라도 되는 마음이야. 내 걱정과 고민으로 지새는 밤이면 너의 밤은 짧게 지나가길 바랐지. 나 좀 힘들었어 네 말에 내 세상은 몇 번이고 무너지고, 네 덕에 몇 번이고 다시 일어섰지. 날씨가 좋아서, 길거리에 흘러나오는 음악이 좋아서 하는 생각은 왜 끊이질 않는지. 사랑은 긍정의 최종 형태 같다는 네 말에 내 세상을 얼마나 사랑하게 됐는지.

 부정도 의심도 해본 적 없는 마음을 가득 담아. 걱정도 고민도 없길 바라는 마음을 가득 담아. 몇 번을 부서지고 일어섰던 마음을 가득 담아. 매일 드는 네 생각에 핑계를 찾던 마음을 가득 담아.

 안녕, 잘자.

파도시집선 018

안부

초판 1쇄 발행 2024년 12월 21일 동지

지 은 이 ㅣ 이지연 외 51명
펴 낸 곳 ㅣ 파도
편   집 ㅣ 길보배
등록번호 ㅣ 제 2020-000013호
주   소 ㅣ 서울특별시 서대문구 증가로 17길 38
전자우편 ㅣ seeyoursea@naver.com
I S B N ㅣ 979-11-93627-12-9 (03810)

값 10,000원

ⓒ 파도, 2024. Printed in seoul, korea.

* 이 책의 판권은 지은이와 파도에게 있습니다. 양측의 서면 동의 없는 무단 전재 및 복제를 금합니다.
* 맞춤법과 띄어쓰기는 원본에서 기인하였습니다.
* 파도시집선 참여 작가들의 인세는 매년 기부됩니다.
* Merry Christmas & Happy New Year!